weisses Linne

Im Schranke weisses Linnen
Im Herzen reines Sinnen
Und beides wohl verwahrt
A B C D E F
1907

Wolf-Dietmar und Ursula Unterweger

Aus Großmutters Schatztruhe

Gestickte Spruchweisheiten mit immerwährender Gültigkeit

STÜRTZ VERLAG WÜRZBURG

Inhalt

Aus Großmutters Schatztruhe

*Gestickte Spruchweisheiten
mit immerwährender Gültigkeit*

Welch großen Reichtum an Stickereien die Vergangenheit hervorgebracht hat, kann in manch einem Museum bewundert werden. Doch diese facettenreiche Kunst der Stickerei soll nicht Thema dieses Buches sein. Vielmehr soll ein ganz kleiner Aspekt aus dem weiten Spektrum des Kunsthandwerks als großer Schatz gehoben werden: Gestickte Sprüche, Weisheiten aus der Vergangenheit, werden zu neuem Leben erweckt.

Diese Sprüche sollten nicht nur aus volkskundlicher Sicht betrachtet werden, sondern auch der Überlegung wert sein, ob sie wieder in unser eigenes Weltbild aufgenommen werden können. Der eine Spruch regt vielleicht nur zum Schmunzeln und zur Erheiterung an, während der andere anrührt. Manche aber haben tiefgründende Bedeutung und Moral, daß darüber ernsthaft nachgedacht werden muß, ob deren Sinn nicht wieder Gültigkeit erlangen könnte.

An dieser Stelle scheint es notwendig zu sein, kurz darauf einzugehen, warum gerade jetzt solcherart Sinnsprüche wieder verstärkt ins Gedächtnis gerufen werden sollen. Orientierungslos gewordenen Menschen mögen sie festen Halt geben. Der eine oder andere Merkvers drückt gerade das aus, was einem hilfreich für das Leben und Zusammenleben sein kann. Nicht alles, was einst in der Vergangenheit gedacht und danach gelebt worden ist, sollte für immer aus dem Gedächtnis verdrängt werden. Ganz im Gegenteil. Auch die Gedankenwelt unserer Altvorderen hatte gute Seiten. Gutes und Altes zu bewahren lohnt sich und trägt gute Früchte, wenn es der nachfolgenden Generation weitergegeben und auch von ihr angenommen wird. Niemand hat die Berechtigung, Überholtes von Erstrebenswertem zu trennen. Es muß jedem selbst überlassen sein, sich eine eigene Meinung über diese Sinnsprüche zu bilden. Sie gehören eben nicht unwiderruflich der Vergangenheit an. Sie berühren uns sehr wohl und sind nicht nur zur Unterhaltung gedacht.

Die gesammelten Sprüche vermögen keine einfache Lösung für die heutige Zeit anbieten. Sie geben aber Denkanstöße für alt-neue Lebensregeln, auch im Umgang zwischen Mann und Frau. So ist dieses Buch kein ausgesprochenes für Frauen, wenn auch der Titel dieses impliziert.

Der irrtümliche Glaube vieler Menschen ist, daß Sticken immer nur Frauenarbeit gewesen sei. Doch diese Handarbeiten wurden seit eh und je auch von Männern ausgeführt. Schon sehr früh entstanden in Klöstern kostbare Stickereien auf Wandteppichen und Gewändern, angefertigt von Mönchen. Ab dem 13. Jahrhundert wurde von zahlreichen Nonnenklöstern die Stickkunst ebenfalls gepflegt. Nur Hof- und Klosterwerkstätten konnten es sich leisten, prunkvolle Gewänder anzufertigen. Von diesen Werkstätten verbreitete sich die Kunst des Stickens allmählich in allen Schichten der Bevölkerung aus. Im späten Mittelalter kamen freischaffende Sticker hinzu, da Bürgertum und der Adel nach Stickarbeiten verlangten. Im 18. Jahrhundert hatte vor allem der französische Adel und das reiche Bürgertum einen riesigen Bedarf an gestickten Luxusgütern, so daß es zur Gründung größerer Manufakturen kam. In diesem Jahrhundert und dem darauffolgenden 19. erlaubte ein hoher Wohlstand es den Frauen des Bürgertums und des Adels, sich durch Sticken die Zeit zu vertreiben, um die eigenen vier Wände damit auszuschmücken.

In den Jahren von 1870 bis 1930 dürfte die Blütezeit der Handwerkskunst gestickter Spruchtücher liegen. Dem Bürgertum der Gründerzeit ist es zu verdanken, daß sie in Mode kamen. Schnell greift sie vom Großbürgertum auf bäuerliche Haushalte über. Alle sozialen Schichten erschaffen sich für ihr Zuhause sprechende Bildtücher.

So entstehen individuelle Kleinkunstwerke, deren gestickte Weisheiten in der Regel zuerst von Mund zu Mund weitergegeben worden sind. In dieser Zeit wurden sie dann durch Bücher, Zeitungen und Zeitschriften überliefert. Großmutter jedoch hatte ihre besondere Art, Sinnsprüche und Lebensregeln festzuhalten und der jüngeren Generation zu vererben. Auf Tüchern, Sofaschonern, Wandbehängen, Kissen, Kastenstreifen, Bändern und Deckchen stickte sie Sprichwörter und Regeln, um die Lebensanschauung ihrer Zeit weiterzugeben. Nicht nur moralisch wollte sie wirken, sondern sie malte auch mit Nadel und Faden Bilder und verschönerte dadurch die Sprüche. Es entstanden aus ihrer Hand oftmals kleine Meisterstücke, denen wir heute mit Bewunderung begegnen und die zur Nachahmung anregen.

Alle Stilrichtungen fanden auf Decken und Überhandtüchern ihren Platz: aus dem Mittelalter, der Renaissance, der Barock- und Rokokozeit, dem Empire, dem Biedermeier und der Jugendstilzeit. Bild und Text wurden auch mit Elementen der verschiedenen Epochen verknüpft. Motive aus dem städtisch-bürgerlichen, aber überwiegend aus dem bäuerlichen und kleinbürgerlichen Milieu wurden dargestellt. Hauptsächlich fanden altdeutsche Motive aus der Zeit der Renaissance des 16. und 17. Jahrhunderts in fast unerschöpflicher Vielfalt Zugang zu Küche, Wohn- und Schlafraum.

Neben ihrer starken Aussagekraft dominiert die Schrift durch künstlerische Anordnung und Ausgestaltung, daß sie gleichwertig neben dem Bild erscheint und zum ebenso schmückenden Element des Tuches wird. Die Schrift ist in geschwungene

Bänder einbezogen oder umgekehrt das Bild in das Initial der Spruchweisheit eingestickt. Schriftzüge sowie geometrische Borten rahmen allein oder zusammen die gestickten Bilder ein.
Ende des 19. Jahrhunderts nimmt man immer häufiger die Elemente des Jugendstils auf und wendet sich allmählich vom Renaissance-Stil ab. Die Schrift steht nun allein als selbständiges Ornament, dominierend, zumindest aber gleichwertig neben dem Bildmotiv. Im Anschluß an die Weltausstellung in Wien, im Jahre 1873, erfuhr das Sticken durch neuentstandene Handarbeitsschulen, Gründungen von Handwerks- und Industriebetrieben, Werbung in Fach- und Publikumszeitschriften auch zu Hause einen noch nie dagewesenen Aufschwung. In den 20er Jahren traten typische Blumen- und Obstschalenmotive hervor. 1930 bis 1950 beschäftigte man sich wieder mit alten Mustern der Volkskunst. Nach Ende des Zweiten Weltkrieges geht die traditionelle Spruchstickerei stark zurück. Kaum noch jemand beschäftigt sich zu Hause mit Stickarbeiten. Der wirtschaftliche Aufschwung bringt finanziellen Wohlstand, aber auch weniger Muße für Handarbeiten. Textile Massenware wird zunehmend im Kaufhaus angeboten. Jeder glaubt, dort für seinen individuellen Geschmack ohne Mühe etwas zu finden und dazu noch zu einem erschwinglichen Preis. Durch die Modernisierung der Wohnräume und den Neubau von Häusern verschwinden die gestickten Wandbehänge, Überhandtücher und Schondecken. Doch es dauerte keine allzulange Zeit, bis diese Stickarbeiten auf den Flohmärkten als Sammelobjekte wieder auftauchten und neue Liebhaber fanden. Frauen hängen sich die alten Ermahnungen und Trostsprüche in der Küche, dem Bade-, Wohn- und Schlafzimmer auf. Mode- und Frauenzeitschriften nehmen sich in Aufsätzen diesen aufschlußreichen und kulturgeschichtlichen Dokumenten an. Sie geben Anleitungen wie die schwungvollen Linien floraler und figürlicher Muster zu sticken sind und darüber hinaus Beispiele aus Omas großer Auswahl an weisen Ratschlägen und Sprüchen.
Wer sich nicht dem Sammeln verschrieben hat, sondern der eigenhändigen Anfertigung allein zu Hause oder auch im Kreise Gleichgesinnter weiß, welch große Freude und welch erhabenes Glücksgefühl die Beschäftigung mit Nadel und Faden und welch innere Befriedigung eine fertiggestellte Kreation mit sich bringen kann. Der Wert einer Handarbeit darf nicht immer wieder in Frage gestellt oder in Mißkredit gebracht werden, wie dies in der Vergangenheit oftmals der Fall war. Diese Beschäftigung ist sehr hoch zu bewerten. Sie ist auf gar keinen Fall geringer einzustufen, als eine wissenschaftliche oder eine pädagogische Arbeit und duldet keinen Vergleich mit der Arbeit am Fließband. Nicht die Handarbeit als solche ist kritisierbar, sondern die Art und Weise wie sie ausgeführt wird – wie lange man sich mit ihr beschäftigt und unter welchem Druck und unter welchen Bedingungen man sie verrichtet.
Im traditionellen Kulturleben in Dorf und Stadt ist

1 Lit.
½ Lit.

handwerkliches Arbeiten als Broterwerb und Freizeitbeschäftigung eine Notwendigkeit. Kritiker dieser weiblichen Künste wie Adalbert Stifter, der Mitte des 19. Jahrhunderts in der Erzählung »Feldblumen« vom Sticken als die »sündenvollste Zeitverschwendung« sprach, wie auch die Schriftstellerin Elise Polko, die 1871 in einem ihrer Werke schrieb, daß diese Art der Frauenbeschäftigung die Ehe gefährde, dürften nur Recht behalten, wenn sie darunter Auswüchse wie Zwanghaftigkeit und Sucht verstanden haben. Eine selbsterwählte, freudvolle Beschäftigung mit der Spruchstickerei dürfte über diese Kritik erhaben sein.

Wer sich mit dieser speziellen Art von Handarbeit beschäftigen möchte, wird sich über Stoffe, Muster und Stiche, die früher üblich waren, informieren müssen. Ausgerüstet mit diesen Grundkenntnissen steht der Anfertigung von sprechenden Bildern nichts mehr im Wege. Leinen, Halbleinen und Baumwolle waren hauptsächlich als Unterlage für diese Art der Stickereien üblich. Sie lassen sich waschen, bügeln und sind am strapazierfähigsten. Waren doch diese Handarbeiten nicht vordergründig zum Ausschmücken der Räume gedacht, sondern zu allererst zum Bedecken und Schonen von Möbelstücken und Wandflächen. Besonders in der Küche waren sie anzutreffen, gab es doch dort viel zu verdecken und zu schützen – Handtücher, die Wand überm Herd und am Schüttstein.

Da diese Stickerei in Rot oder Blau, später auch in all den beliebten bunten Farben ausgeführt worden ist, bezeichnet man sie als Buntstickerei. Der Mannigfaltigkeit der Stickarten und Muster wegen, war sie besonders beliebt. Die Arbeiten wurden besonders bei feinen Leinen- und Baumwollstoffen in Plattstich- und Stielstichtechnik, aber auch in Kettstich- und Tambourstichtechnik ausgeführt. Ist das Gewebe aber, wie es der Zeitgeist verlangte und heute erst recht verlangt, aus kräftigen, runden leicht zählbaren Fäden, also grob-gewebt, mit deutlicher Struktur, worauf die Stickmuster unmittelbar und mühelos übertragen werden können, dann bedient man sich des Kreuz-, Hexen-, Kästchen-, Strich-, Schlingenstiches, des Hohlsaumes, des Steppstiches, unterschiedlicher Füllstiche und anderer wenig bekannter Stiche.

Die Muster waren in den seltensten Fällen eigene Kreationen. Stickmusterbücher dienten jahrhundertelang als Vorbild, ebenso Stickmusteralben wie auch Handarbeitsbücher. Die Textilindustrie lieferte dazu Entwürfe, Vorlagen und Muster. Stickereizeichnungen konnten von Handarbeitsläden bezogen werden. Selbst das Vorzeichnen auf die entsprechenden Stoffe wurde dort übernommen. Spezielle Mode- und Handarbeitszeitschriften und Zeitungen taten ihr übriges, um ein reichhaltiges Angebot an Stickmustern unter die Bürger- und Bäuerinnen zu bringen.

Zur Übertragung der Motive auf die Stoffvorlagen gab es mehrere Methoden. Man legte zwischen Mustervorlage und Stoff Ölpapier und zog mit Bleistift die Linien nach. Eine andere Methode war,

Muster und Stoff auf eine Glasplatte zu legen und die Linien im Gegenlicht auf den Stoff zu zeichnen. Um die Jahrhundertwende und später bediente man sich auch des Aufbringens von Aufplättfarbe, die auf durchsichtiges Ölpapier zunächst abkopiert und dann von diesem auf den Stoff aufgebügelt wurde. Dieses Doppelkopieren wurde sehr bald vom fertigen Aufbügelmuster abgelöst. Hilfreiche Dienste lieferte auch der Stickrahmen zum Einspannen des Stoffes.

Wer aber glaubt, daß diese Art von Handwerkskunst, deren sich die meisten Frauen bedienten, kritiklos hingenommen worden sei, der irrt. »Geist- und kunstlos« sei sie. »Die eigenen, künstlerischen Fähigkeiten müßten mehr in den Vordergrund gerückt werden«, »Erst wenn die Muster selbst entworfen würden, dann sei die Handarbeit eine künstlerische und anerkennenswert.« Dies die Meinungen kritischer Zeitgenossen. Diese Aufrufe zu eigener Kunstfertigkeit haben aber keinen durchschlagenden Erfolg nach sich gezogen. Die Vielzahl der Frauen bediente sich weiterhin vorgefertigter Muster.

Eine letzte Frage ist noch unbeantwortet: Die der Herkunft und der Themenbezogenheit der Sprüche. Hier verwundert die Tatsache, daß es selbst in der Blütezeit der Spruchstickerei so gut wie keine eigenen Schöpfungen gab. Man holte sich die Verse, kernige und originelle Sprüche, geflügelte Worte und Reime als Ein-, Zwei- oder Mehrzeiler aus einer Fülle eigens dazu geschaffener Spruchsammlungen. Viele wurden selbstverständlich auch von Mund zu Mund überliefert. Ebenso fand man sie auf gestickten Originalvorlagen.

Die Quellen waren in den unterschiedlichsten Regionen nahezu die gleichen. In ihrer Aussage unterscheiden sie sich wenig, und wenn, dann nur durch den örtlichen Dialekt und in der Schreibweise. Eingestickt wurden Sinnsprüche unbekannter Herkunft, Worte aus der Bibel und aus den Werken bekannter Dichter. Schiller und Goethe wie auch andere Dichter wurden häufig zitiert. Und immer hatten Sprüche den Sinn, Freude zu vermitteln, Trost zu spenden, Ratschläge jeglicher Art zu erteilen. Die wirtschaftliche und soziale Not der jeweiligen Zeit wurde in den Sprüchen festgehalten. Illusionen und die Wirklichkeit wechseln einander ab. Spruchstickereien, die zu Fleiß und Sparsamkeit ermahnen, schmücken und schonen Wände, Betten, Wäsche und Arbeitsgeräte. Weisheiten für die Morgen-, Abend- und Nachtstunden wurden gestickt, Ratschläge für den Mann und die Frau gegeben. Kurzum, man hielt das Frauen- und Familienbild in gestickten Sprüchen fest. Die Frau als Sinnbild für Familie und Heim wurde immer wieder hervorgehoben. Ihrer Rolle als Hausfrau, Ehefrau und Mutter nahm man sich ermahnend an. Die Großmutter stickte Weisheiten für den Lebensalltag, die Liebe, zum Glück, über die Gastfreundschaft und das Schenken. Das traute Heim, die Arbeit, Nähen, Fleiß, Ordnung und Reinlichkeit waren beherrschende Themen. Immer wieder

stickte sie Weisheiten über die Küche, den Herd und den Kaffee. Leitsätze und Spruchgut zu Gott, Glaube und Gebet hielt sie selbstverständlich mit ihrer Nadel fest. Noch weitere Themen wurden in gestickter Form behandelt wie Krieg und Frieden, Kaiser und Vaterland, die Jagd, die Hochzeit, die Kinder, die Welt der Kinderpuppenstube, Pflichterfüllung, Frohsinn, Pünktlichkeit und Achtsamkeit.

Nahezu in allen Räumen des Hauses hingen und lagen Tücher, die meisten davon aber in der Wohnküche, dem meist benutzten Raum des Mittelstandes, dem Bürgertum und der Bauern. Bestickte Überhandtücher, Tischtücher und -läufer, Servietten, Büffetdeckchen, Serviertischdecken, Kaffee-, Tablett-, Teller- und Brotkorbdecken, Wasserhahnschoner, Topflappen, Schrankbrettstreifen, Besenvorhänge, Brotbeutel, Beutel für Lampenputzzeug, Borten für die Bretter des Küchenschrankes und Küchenbrettstreifen, Wandschoner, Wassereimer- und Badewannendecken und Deckchen für den Einkaufskorb fanden im Eßzimmer und in der Küche Ende des 19. Jahrhunderts reichliche Verwendung.

Desweiteren wurden das Handgepäck und Kissen für Reisen und Wallfahrten bestickt. Selbst der Radfahrgürtel wurde mit einer Stickerei wie »All Heil« versehen. Auch vergaß man nicht, Schirmhüllen und die Bänder an Musikinstrumenten hauptsächlich von Lauten mit Sprüchen wie »Gesang erfreut das Herz« oder »Singen, wenn Gesang gegeben« mit Stickereien zu verzieren. Für fröhliche Feste wie die Taufe hatte man Steckkissen und Taufdecken mit reizvollen Mustern und Gebeten bestickt. Auch das »Verseh-Tuch« bei den Katholiken, das der Geistliche zur »Letzten Ölung« benötigte, trug wie die Altar- und Fronleichnamsdecken gestickte religiöse Symbole und Bildmotive und die zum Anlaß passenden Gebete.

Zu Weihnachten schmückte man das Zimmer mit eigens für dieses Familienfest angefertigten Spruch- und Liedtüchern. Man schenkte sich gestickte »Frohe Wünsche fürs Fest«.

Um die Jahrhundertwende nahm die Frau nahezu jede Möglichkeit wahr, ihr Heim und die darin befindlichen Gegenstände mit gestickten Spruchtüchern zu behängen und zu bedecken. Anschauungen und Tugenden wurden gespriesen, zu Fleiß, Ordnungsliebe, Sauberkeit und Sparsamkeit wurde ermahnt. Von Frauen für Frauen wurde in der Hauptsache gestickt.

Großmutters Schatztruhe ist geöffnet – für uns heutige Menschen. Ein jeder kann und sollte sich aus ihr bedienen. Es ist für alle reichlich Lebensweisheit darin enthalten. Wer hineingreift, der findet: eitel Sonnenschein, Naturverbundenheit, freudvolles Arbeiten, gesundes Dasein, menschliche Wärme – aber auch Mühe und Qual und Ungerechtigkeit.

GUTEN
MORGEN

Was Großmutter an Weisheiten für die Morgenstunden stickte

Beklage nie den Morgen,
der Müh und Arbeit gibt,
es ist so schön zu sorgen,
für Menschen,
die man liebt.

❋

Morgenstund hat Gold im Mund.

❋

Froh erwache und lache.

❋

Kein Morgen ohne Sorgen.

❋

Ohne alle Sorgen
erwache an jedem Morgen.

❋

Grüße den Morgen mit fröhlichem
Sinn,
dann schwinden die Sorgen des
Tages dahin.

Froher Morgen aus liebem Mund
bringt am Tag manch frohe Stund.

❋

Frohes Schaffen, treues Lieben,
ist das Beste stets geblieben.

❋

Wenn der Morgen graut,
fröhlich aufgeschaut.

❋

Ein neuer Tag, ein neues Leben
bricht mit dem neuen Morgen an.

❋

Hab Sonne im Herzen,
den Mund voller Lieder,
so grüß das Leben
dann grüßt es dich wieder.

❋

Der Tag erwacht in seiner Pracht

Viel Glück
zieh' ins Haus
und keines hinaus.

Was Großmutter an Weisheiten für den Lebensalltag stickte

Spare sehr,
die Zeiten sind schwer.

❋

Geh' nie im Zorn
von deines Hauses Herd,
denn mancher ging,
der nie zurückgekehrt.

❋

Schätze nie den Wert des
Menschen
Schnell nach einer kurzen Stund',
Oben sind bewegte Wellen
Doch die Perle liegt im Grund.

❋

Ein jeder Schmerz läßt sich
verwinden
Und jede tiefe Wunde heilt,
nur eine Seele mußt Du finden,
die alle Schmerzen mit Dir teilt.

Wenn Trübsal einkehrt
nicht verzage,
es kommen wieder bessere Tage.

❋

Als es mir gut ging auf Erden,
Da wollten alle meine Freunde
werden,
Doch als ich kam in große Not,
Da waren alle meine Freunde tot.

❋

Geh' ohne Gruß und Gottes Wort,
niemals aus deinem Hause fort.

❋

Oftmals wollt ich schon verzagen,
Und ich dacht' ich trüg' es nie,
Und ich hab's doch getragen,
Aber fragt mich nur nicht wie.

Die Leut' auf der Gassen
muß man reden lassen,
reden sie gescheit oder dumm,
ich kümmere mich nicht darum.

❋

Hab' Sonne im Herzen,
ob's stürmt oder schneit,
ob der Himmel voll Wolken,
die Erde voll Leid,
üb' allezeit Treue,
verlier nie den Mut,
hab' Sonne im Herzen
und alles wird gut.

❋

Richte nicht den Wert des
Menschen schon
nach einer kurzen Stunde.
Droben sind bewegte Wellen,
doch die Perle liegt im Grunde.

❋

Es gibt Augenblicke,
in denen eine Rose
wichtiger ist,
als ein Stück Brot.

Dulden, Schweigen, Lachen,
hilft vielen bösen Sachen.

❋

Mach es wie die Sonnenuhr,
zähl die heitren Stunden nur.

❋

Was dir Menschen geben,
mußt du bezahlen mit dem,
was du hast,
oder
teurer mit dem, was du bist.

❋

Leben ist die Kunst,
aus falschen Voraussetzungen
die richtigen Schlüsse zu ziehen.

❋

Wir bauen hier so feste
und sind hier doch nur Gäste,
Doch wo wir werden
ewig sein,
da bauen wir zu wenig ein.

Alle Wünsche werden klein,
gegen den –
gesund zu sein.

❋

Hab' Sonne im Herzen,
dann komme was mag,
es leuchtet voll Licht Dir,
der dunkelste Tag.

❋

Im Aufwand schränke zwar
dich ein,
doch mußt Du auch kein
Knauser sein.

❋

Alles auf Erden hat seine Zeit,
Frühling und Winter, Freude und
Leid.

❋

Rosen auf den Weg gestreut,
und des Leid's vergessen,
nur eine kurze Spanne Zeit,
ist uns zugemessen.

Wenn für jede lose Zunge
ein Schloß gemacht müßt' werden,
so hätt' der liebe Schlosserjunge
viel Arbeit hier auf Erden.

❋

Wenn dich die Menschen kränken
weine nicht,
alles kannst du dir denken,
sagen nicht.

❋

Geh immer lachend durchs Leben,
wenn Dich auch drückt ein
Schmerz.
Hilfe wird Dir niemand geben,
denn die Menschen haben kein
Herz.

❋

Wer morgens dreimal schmunzelt,
Mittag nicht die Stirne runzelt,
Abends singt, daß alles schallt,
der wird hundert Jahre alt.

Wenn Sorgen dich drücken,
und's Herz Dir auch bricht,
verschweige den Kummer, erzähl
es nicht,
zeig ja nicht der Menschheit
Dein blutendes Herz,
nie findest Du Mitleid
und wär's noch so ein Schmerz.
Wenn Lachen und Scherzen
schwer Dir auch fällt,
tu's ja nicht verraten, der
neugierigen Welt.

❋

Das Menschenherz gleicht einem
Schifflein,
fährt ohne Rast und Ruh',
mit seinem Leid und seiner Lust,
dem Land der Hoffnung zu.

❋

Wir leben und lieben und nehmen
nicht acht,
daß jeder Augenblick das Leben
kürzer macht.

Ein jeder Schmerz läßt sich
verwinden,
und jede tiefe Wunde heilt,
nur eine Seele mußt du finden,
die alle Schmerzen mit dir teilt.

❋

Wer spricht von mir und den
Meinen,
der gehe nach Haus und betrachte
die Seinen,
findet er dort kein Gebrechen,
dann kann er von mir und den
Meinen sprechen.

❋

O Morgen, o Jugend, wie eilst Du
vorbei,
gleich singenden Kindern im
blühenden Mai.

❋

Rein die Hände, rein der Mund,
rein das Herz zu jeder Stund.'

Ein lachender Mund,
ein fröhliches Wort,
treibt Kummer fort.

Freude ist ein Lebensquell,
Freude macht die Augen hell.

Laß den Mut nicht sinken,
wenn der Himmel grau,
zwischen dunklen Wolken,
wird es wieder blau.

O Mensch, bedenke wohl,
Dein größter Feind ist Alkohol,
doch in der Bibel steht's
geschrieben,
Du sollst auch Deine Feinde lieben.

Drückt Dich Kummer, verrate es
nicht,
verbirg vor Menschen Dein
Gesicht,
sei froh, wenn sie vorübergeh'n
und nichts von Deinen Tränen
seh'n.

Hast Du Kummer, hast Du Sorgen,
soll ich Dir mein Lächeln borgen,
nimm es nur und nütz'es gut,
daß es seine Wirkung tut.
Hilft es Dir und bringt Dir Glück,
gib es mir einmal zurück.

Oftmals wollt' ich schon verzagen,
denn ich dacht', ich trüg' es nie,
ich hab' es doch getragen,
aber fragt mich nur nicht wie.

Mein Freund, was ist das wohl,
was jeder von uns haben soll,
wer sie nicht hat, ist selbst dran
schuld,
es ist die heilige Geduld.

Wer seinen Mund nicht zügeln
kann
und übel red' von jedermann,
der kehre erst vor seiner Tür,
bevor er kommt zu mir.

Ob steil der Pfad,
ob schwer die Pflicht,
sag niemals Dir,
das kann ich nicht.

❋

In allem sich bescheiden,
nicht klagen und nicht ruh'n,
viel lieber Unrecht leiden,
als selber Unrecht tun.

❋

Blicke vorwärts, nie zurück,
frischer Mut ist Lebensglück.

❋

Wenn über eine Sache
einmal Gras gewachsen ist,
kommt sicher ein Kamel,
das es wieder runterfrißt.

❋

Zufriedenheit, nicht Gold und
Pracht
ist's, was den Menschen glücklich
macht.

Woran Dein Herz im stillen hängt,
laß es nur niemand hören.
Du sprichst es aus und alles drängt,
Dein Glück Dir zu zerstören.

❋

Wer mit Humor die Sach' bestellt,
dem lache froh die ganze Welt.

❋

Zeige der Welt ein lachend
Gesicht,
weinende Augen versteht man
nicht,
wenn auch das Herz Dir brechen
will,
lache, lache und schweige still.

❋

Ein Weilchen hier gesessen,
im stillen Selbstvergessen,
befreit von Deinem Leiden,
kannst Du wieder von hier
scheiden.

❋

Adel liegt im Gemüte,
nicht im Geblüte.

Wer über and're Böses hört,
der soll's nicht weiter künden,
gar leicht ist Menschenglück
zerstört,
gar schwer ist es zu gründen.

Im Munde die Wahrheit,
im Auge die Klarheit,
im Herzen der Sonnenschein,
so sollst Du immer sein.

Nicht der mit Dir lacht,
nicht der mit Dir weint,
sondern der mit Dir fühlt,
der ist Dein Freund.

Muß es sein,
so schick Dich drein.

Nicht was Du bist, ist, was Dich
ehrt,
wie Du es bist, bestimmt den Wert.

Geh treu und redlich durch die
Welt,
das ist das beste Reisegeld.

Lache – und die Welt lacht mit Dir.
Weine – und Du weinst allein.

Der Erde köstlichster Gewinn
ist reines Herz und froher Sinn.

Mancher kommt zu mir als Freund,
im Herzen ist er mir ein Feind.
Er hilft nur klagen meine Not
und gönnt mir nicht mein täglich
Brot.

Im Wasser kannst Du Dein Antlitz
seh'n,
im Wein des andern Herz erspäh'n.

Ein fröhlich Gemüt und edler
Wein,
die mögen hier oftmals beisammen
sein.

Wenn ein gut Freund zum andern
kummt,
ist traurig still und gar verstummt,
und kummt dazu der edle Wein,
muß alles Trauern vergessen sein.

Kehr Dich bei rechter Zeit,
so fällt die Karr' nit auf die Seit'.

Denk vernünftig,
denk auf künftig,
ganz unverwendt,
bis an das End.

Gerechtigkeit pflegen,
Mäßigkeit hegen.

Sei mit den Deinen
allzeit im Reinen.

Iß, was gar ist,
trink, was klar ist,
sprich, was wahr ist.

Geh froh zur Ruh',
wach fröhlich auf,
dann wird Dir leicht
des Tages Lauf.

Zeit bringt Bescheid.

Überfluß macht Überdruß.

Wenn einer in mein Haus eingeht
und sein Sinn nach Stehlen steht,
der bliebe lieber draußen,
mein' Katz kann selber mausen.

Wer allen Leuten recht tun kann,
der lösch mich aus und schreib
sich an.

Nicht allzu viele Wünsche stell ans
Leben,
dann wirst Du glücklich sein bei
allem Streben.

Leichtsinn ist ein schlimmer Gast,
Leichtsinn ist mir so verhaßt.

❋

In fetten Zeiten spare
für die mageren Jahre.

❋

Das schönste Leben auf der Welt
führt der, der immer Frieden hält.

❋

Höre, wenn Dir's nicht bekannt,
Geduld bringt Rosen Dir ins Land.

❋

Was Du versprochen, sei Dir
Pflicht,
an Deinen Worten beutle nicht.

❋

Der Neid ist nicht der Strafe wert;
der Neid fällt in sein eignes
Schwert.

❋

Treu die Pflicht getan
führt zum Glück hinan.

Undankbarkeit wohnt in niederen
Seelen,
in edlen wird die Dankbarkeit nie
fehlen.

❋

Wo Eitelkeit beginnt den Lauf,
da hören innere Werte auf.

❋

Wer unter Menschen leben will,
der höre manches und schweige
still.
Es ist ein ganz unleidlicher Gast,
wer jedes Wort beim Kopfe faßt.

❋

Nur Mut, nur Mut, trotz allem Leid
wir dürfen stets zu hoffen wagen.
Wie könnt' nach trüber Winterzeit
ein Dornenstrauch wohl Rosen
tragen.

❋

Zufrieden sein ist große Kunst
Zufrieden scheinen leerer Dunst
Zufrieden werden großes Glück
Zufrieden bleiben Meisterstück.

Wenn das Aber und Wenn nicht
wär',
hätt' mancher kein Beschwer.

❋

Häng an die große Glocke nicht,
was jemand im Vertrauen spricht.

❋

Einem trauen ist genug,
keinem trauen ist nicht klug.

❋

Der fröhlichste Besitz ist
Mutterwitz
und Grütze unter der Mütze.

❋

Dem Leben bist Du eines schuldig
kämpf tapfer oder such Dir Ruh,
bist Du der Amboß, sei geduldig,
bist Du der Hammer, schlage zu.

❋

Wer gar nicht scherzen kann,
der ist ein armer Mann.
Nur noch ärmer ist,
wer nichts als scherzen kann.

Die Saite, wenn man sie zu stark
will spannen, reißt.
Nur weise Mäßigung ist,
was Erfolg verheißt.

❋

Eines schicket sich nicht für alle
sehe jeder, wie er's treibe,
sehe jeder, wo er bleibe
und wer steht, daß er nicht falle.

❋

Wer mit dem Leben spielt,
kommt nie zurecht,
wer sich nicht selbst befiehlt,
bleibt immer Knecht.

❋

Kopf ohne Herz, macht böses Blut
Herz ohne Kopf, tut auch nicht gut.
Wo Glück und Segen soll gedeih'n,
muß Kopf und Herz besammen
sein.

❋

Zur rechten Stunde strahlt die Sonne
Zur rechten Zeit die Wolken zieh'n
Zur rechten Stunde kommt die Wonne
Zur rechten Zeit die Leiden flieh'n.

Es gibt wohl nichts, das so von
Herzen frommt,
als Sonnenschein, der aus dem
Herzen kommt.

❋

Wer sich nach der Decke streckt,
dem bleiben die Füße unbedeckt.

❋

Nichts Gutes ist klein,
man kann nicht immer groß,
doch immer nützlich sein.

❋

Sammle Dich zu jeglichem
Geschäfte,
nie zersplitt're Deine Kräfte.

❋

In der Jugend ist jung sein leicht.
Schwerer und schöner, wenn's
Haar sich bleicht.

❋

Es können Menschen Dich
verlassen,
doch Gott verläßt Dich nicht.

Du sollst reden, nicht viel,
aber sinnig,
Du sollst beten, nicht lang,
aber innig,
Du sollst handeln, nicht rasch,
aber kräftig,
Du sollst lieben, nicht laut,
aber heftig,
Du sollst leben, nicht wild,
aber heiter,
Du sollst Dir helfen, Gott hilft
Dir weiter.

❋

Sorge nicht zuviel,
es kommt, wie Gott es will.

❋

Vertrau' auf Gott, doch auch auf
eig'ne Kraft.
Gott segnet nur, was Du Dir selbst
geschafft.

❋

Was Menschen nützt, weiß Gott
allein,
nie sollst Du unzufrieden sein.

Beklage nicht den Morgen der Müh'
und Arbeit gibt,
es ist so schön zu sorgen,
für Menschen die man liebt.

Was Großmutter an Weisheiten über die Liebe stickte

Drum prüfe, wer sich ewig bindet,
ob sich das Herz zum Herzen
findet.

❋

Gedenke mein.

❋

Lieben und geliebt zu werden,
ist das größte Glück auf Erden.

❋

Dieses Tüchlein verehr ich dir,
das du etwas hast von mir,
die Lieb ist gros, die Gab ist klein,
damit sollt du zufrieden sein.

❋

Mein Herz ist gut und rein
und liebt das Dein allein.

❋

Wenig aber von Herzen.

Zum Zeichen, daß ich Dein
gedenk,
nimm diese Kleinigkeit zum
Geschenk.

❋

Ewig Dein.

❋

Ich schnitt es gern in alle Rinden
ein.

❋

Nur einmal im Jahr blüht der Mai,
nur einmal im Leben die Liebe.

❋

Willst Du mein Sehen reich
belohnen,
laß mich in Deinem Herzen
wohnen.

Zu jener Zeit, wie liebt ich dich
mein Leben.
Ich hätt' geküßt die Spur von
deinem Tritt.
Hätt' gerne alles für dich
hingegeben
und dennoch du,
du hast mich nie geliebt.

Dein Bild trag ich im Herzen,
mein Trost in allen Herzen.
Alles Böse liegt Dir fern,
dein gutes Herz verzeiht so gern.

Nur mit Dir allein,
kann ich glücklich sein.

Das Schönste gab mir
die Liebe zu Dir.

Wo ich geh'
und wo ich steh',
ich Deine lieben Augen seh'.

Das Allerschönste
du mir gibst.
Wenn, wie ich Dich,
auch du mich liebst.

Alle Schätze sind mir gleich,
deine Liebe macht mich reich.

Nichts zerreißt der Treue Band,
wahre Liebe hat Bestand.

Dein ist mein Herze ewiglich,
halt mir die Treu',
ich wart auf Dich.

Als ich dich geseh'n,
war's um mein Herz gescheh'n.

Was frag ich viel
nach Gut und Geld,
wenn mir Dein Herz
die Treue hält.

Nur Deine Lieb allein vermag,
mir Glück zu spenden jeden Tag.

❋

Wie Geld so rein
schau ich das Glück,
wenn ich Dir in das Auge blick.

❋

Die Ehe ist ein Übel,
ein bittersüßes Joch.
Sie gleicht fürwahr der Zwiebel,
man weint und ißt sie doch.

❋

O' dass sie ewig grüne bliebe,
die schöne Zeit der jungen Liebe.

❋

Wo Liebe und Friede im Haus
regiert,
da ist das ganze Haus geziert.

❋

Ohne Liebe keinen Segen,
Ohne Segen kein Leben.

(N. Eńdrödy)

Es gibt Augenblicke,
in denen eine Rose
wichtiger ist,
als ein Stück Brot.

(R. M. Rilke)

❋

Liebe ist . . .
vergiß mein nicht.

❋

Gedenke mein.

❋

Vergißmeinnicht ruft es so zart.
Vergessen sein ist gar so hart.

❋

Die Lieb' ist die Blindheit
im menschlichen Lauf,
im Ehestand da gehn einem
die Augen erst auf.

❋

Je höher die Alm,
desto schärfer der Wind.
Je schöner das Dirndl,
desto kloaner die Sünd.

Das that Ich
für Dich!
Was thust Du
für Mich?

Dirndl sei g'scheit,
lieab an Buam der dir g'freit.

Sennerin singt so manches Lied,
wenn durch's Tal der Nebel zieht,
horch, es klingt durch Luft
und Wind,
auf der Alm da gibt's ka Sünd.

Du herzig's Diandl
du bist mei Seligkeit
in aller Ewigkeit.

Zu Dir ziagt's mi hin,
Wi i bin,
hab koa Rast,
hab koa Ruah,
bin a trauriger Bua.

A Bussal vom Dirndl,
das schmeckt halt so fein,
a Bussal vom Dirndl
und guat muaß i sein.

Dein ist mein ganzes Herz,
wo Du nicht bist,
kann ich nicht sein.

Es grüßen blaue Blümlein licht
in Deinem Garten klein.
Sie bitten Dich: Vergiß mein nicht,
denn ich gedenke Dein.

Mädchen bleib sauber,
sonst gurrt Dir kein Tauber.

Frauen sind Bienen in ihrer Art,
sind edle Geschöpfe, behandle
sie zart,
verlierst Du mit ihnen mal
die Geduld,
dann trifft Dich der Stachel,
bist selber dran schuld.

Sage nie ein hartes Wort,
Deinen Lieben um Dich her,
es ist so schnelle wehgetan
und gutgemacht so schwer.

Beklage nie den Morgen,
der Müh' und Arbeit gibt
es ist so schön zu sorgen,
für Menschen, die man liebt.

❋

Sei getreu bis in den Tod,
so will ich dir
die Krone des Lebens geben.

❋

Traue stets nur jenem Menschen,
der es ehrlich mit Dir meint,
der im Glücke mit Dir jubelt,
und im Unglück mit Dir weint.

❋

Wie oft bereut man in einem Jahr,
das Wörtchen „ja" vorm Traualtar.

❋

Laß Dir den Grund Deiner Liebe
nicht rauben,
an das Gute im Menschen dennoch
zu glauben.

Die Liab ist die Blindheit im
menschlichen Lauf,
im Ehestand, da geh'n an die
Augen erst auf.

❋

Adam und Eva haben die Liebe
erdacht,
ich und mein Schatz haben's auch
so gemacht.

❋

Rein die Rebe, rein der Mund,
rein das Herz zu jeder Stund'.

❋

Streut Blumen der Liebe zur
Lebenszeit,
bewahret einander vor Herzens-
leid,
denn kurz ist die Zeit,
wo ihr beisammen seid,
und wenn auch viele Jahre euch
vereinen,
einst werden wie Minuten sie euch
erscheinen.

Wer geliebt, kann nicht vergessen,
wer vergißt, hat nie geliebt,
wer geliebt und doch vergessen,
hat vergessen, wie man liebt.

❋

Wenn von den künftigen Tagen,
auch nicht jeder Sonnenschein
  birgt,
zu zweien läßt sich vieles ertragen,
wenn jeder die Hälfte sich nimmt.

❋

So Du ein Wort der Liebe hast,
verbirg es nicht im Herzen,
brich Du als Blütenzweig es ab,
zur Heilung bitt'rer Schmerzen.
Es ist die Welt des Hasses voll,
es bluten so viele Wunden,
ein Wort, das aus dem Herzen
  quoll,
macht manches Herz gesunden.

❋

Daß sie ewig grünen bliebe,
die schönste Zeit der jungen Liebe.

Der Mensch braucht zum Glück
nicht Reichtum und Macht,
ein Stübchen voll Sonne,
wo Liebe ihm lacht.

❋

Liebe schwärmt auf allen Wegen;
Treue wohnt für sich allein.
Liebe kommt euch rasch entgegen;
Aufgesucht will Treue sein.

❋

Du flochshorig's Dirndl,
i hob di so gern,
wegen dein Flochshor,
kennt i a Spinnradl wer'n.

❋

Als ich von Liebe sprach,
  da schliefst Du ein,
das soll Dir nie verziehen sein.

❋

Traue nicht allerorten,
des Mannes süßen Worten.

Gar so gern möcht' ich Dich
küssen,
wie lang werd' ich noch warten
müssen?

Nun zieh nicht länger die Stirne
kraus,
sei wieder gut, der Zank ist aus.

Versprachst Du mir nicht häuslich'
Glück,
nimm ja das Wort nicht mehr
zurück.

Mutig Hand in Hand gestrebt,
keinen Tag umsonst gelebt,
Treu in Glück und in Gefahr
in der Liebe treu und wahr.

Treue Liebe schlummert nimmer,
wenn sie recht von Herzen sinnt.
Treue Liebe schaffet immer,
Treue Liebe sorgt und sinnt.

Die wahre Liebe macht zum Palast
die Hütte
Sie macht die Wildnis zum Asyl,
Sie lauscht mit Sorgfalt jedem
unserer Schritte
und führt uns an ein gold'nes Ziel.

Achtung kannst Du Dir erringen,
aber Liebe nicht erzwingen.

Nimm Dein Herz in acht,
Lieb' kommt über Nacht!

Die schwachen Stunden des Kopfes
sind oft die schönsten Stunden des
Herzens.

Häuslichkeit ist eine Zierde,
Reinlichkeit ist eine Pracht,
Wahre Tugend eine Würde,
Reine Liebe Deine Macht.

Alles auf dieser Welt vergeht,
nur die Mutterlieb ewig besteht.

Nur eine alte Mutter weiß allein,
was lieben heißt und glücklich
sein.

❋

Vergiß niemals die Heimat,
wo Deine Wiege stand.
Du findest in der Ferne
kein zweites Heimatland.

❋

Was Mütterchen mir einst
beschert,
halt ich in diesem Schranke wert.
Soll fein und glatt geordnet sein,
wie es einst hielt mein Mütterlein.

❋

Nun schlafe mein Kindlein in
süßer Ruh,
der Mutter Liebe deckt weich
dich zu,
die Englein kommen und halten
die Wacht
und spielen mit dir in den
Träumen der Nacht.

Wie viele Lebensmühe legte
die Mutter mit in diesen Schrank
und ihr, die Deine Tugend pflegte,
mein Kind sollst stets Du dankbar
sein.

❋

Wenn sich der Eltern Augen
schließen,
ihr mattes Aug' im Tode bricht,
dann ist das schönste Band
zerrissen,
denn Elternlieb' vergißt man nicht.

❋

Zur Oma, will es die Natur,
wird man durch seine Kinder nur,
ist man es, sagen diese ehrlich,
Oma ist einfach unentbehrlich.
Auf Oma darf man immer bauen,
und ihrem guten Rat vertrauen.
Es gilt im Dorf und in der Stadt,
wohl dem, der eine Oma hat.

❋

Drückt Dich ein Weh,
zur Mutter geh, und sag es ihr,
gern hilft sie Dir.

Wenn dich die Menschen auch kränken, weine nicht,
Alles kannst du dir denken, sagen nicht!
Geh' immer lachend durchs Leben,
Wenn du auch hast einen Schmerz,
Hilfe wird niemand dir geben,
Denn Menschen von heut' haben kein Herz.

Was Großmutter an Weisheiten über den Mann und die Frau stickte

Der Frauen edelster Beruf,
zu dem sie Gott der Herr erschuf,
ist, in dem Hause still zu walten,
mit Fleiß, die Ordnung zu erhalten.

❋

Weiberl bleib sparsam.

❋

Alter brum nicht.

❋

So fromm wie dieses Lämmchen,
wünsch ich mir mein Männchen.

❋

Ob Regen oder Sonnenschein,
Humor mußt du behalten,
dann wirst du froh und glücklich
sein,
wie ich mit meiner Alten.

Des Hauses König ist der Mann.
Die Frau sieht man als Krone an.
Doch, wenn nicht geht die Frau
voraus,
ist schlecht bestellt das ganze Haus.

❋

Wie Edelweiß so stolz und rein,
soll stets auch jede Hausfrau sein.

❋

Hab weder Gold noch Perlenketten
und keine Seid'nen Prunktoiletten.
Kann mich auch nicht am Gold
berauschen
und möcht doch mit Niemand
tauschen.

❋

Ehret die Frauen,
die flechten und weben,
himmlische Rosen
in's irdische Leben.

Was ist der Hausfrau beste Zier,
ein Wäscheschrank so denk ich mir,
worin als lustig gehüteter Schatz,
das schneeigste Linnen findet Platz.

Er blüht im Sommerwinde,
liegt still es hier im Spinde,
gebleicht auf grüner Au,
zum Stolz der deutschen Frau.

Lieber Mann, ich rate Dir,
meide Gasthaus, Wein und Bier,
sei beim Nachtmahl stets zuhaus',
lieb Dein Weibchen, sonst ist's aus.

Willst Du des Mannes Gunst
erwerben,
so laß das Essen nie verderben.
Soll glücklich sein, Dein Ehebund,
vermeide diesen Scheidungsgrund.

Alle Tage ist kein Sonntag,
alle Tage gibts kein Wein,
aber Du sollst alle Tage,
recht lieb zu mir sein.

Nie hab' ich mit meinem Mann
Verdruß,
nur wenn er Geld hergeben muß.

Machst Du Deinen Mann zum
Waschlappen,
bist Du seine Putzfrau.
Machst Du Deinen Mann zum
König,
bist Du seine Königin.

Der beste Schatz für einen Mann,
ist eine Frau, die kochen kann.

Der Hausfrau schönster Beruf,
zu dem sie Gott erschuf,
ist, in dem Hause still zu walten,
mit Fleiß die Ordnung zu erhalten.

Ein leuchtendes Feuer,
ein freundlich Gesicht,
ein braves Männlein,
mehr brauche ich nicht.

❋

Der Hausfrau köstlicher Gewinn,
ein frohes Herz, ein reiner Sinn.

❋

Liebe Frau, sei gütig und milde,
und führe nichts Böses gegen mich
im Schilde.

❋

Ein gutes Weib, dies merke fein,
will mit Vernunft behandelt sein.
Ihr biegsam Herz mißbrauche
nicht,
weil schwaches Werkzeug leicht
zerbricht.

❋

Sanft sei Dein Wille und Dein
Gebot,
der Mann ist Herr, doch nicht
Despot.

Macht irgendwas den Kopf Dir
kraus,
laß es an Deiner Frau nicht raus.

❋

Treib nicht mit andern Minnespiel,
Dein Weib zu lieben, sei Dein Ziel.

❋

Wenn Dich die Frau um Geld
anspricht,
und sie bedarf's, so knurre nicht.

❋

Der Mann braucht nur das Geld
hergeben,
macht ihm die Frau ein süßes
Leben.

❋

Ich bin der Herr im Haus,
das wär' gelacht,
was meine Frau sagt,
wird gemacht.

Glaube Liebe Hoffnung
Wenn auch der Hoffnung
verzage nicht.

Mit dem ersten Glockenschlag.
bringe Dir Glück ein jeder Tag.

Was Großmutter an Weisheiten zum Glück stickte

Es soll in Deinem Leben
nur Rosen ohne Dornen geben.

❋

Das Glück ist rund,
wer's kriegt, dem ist's gesund.

❋

Glück und Segen auf der Welt
und hernach das Himmelszelt.

❋

Der treuen Freundschaft Glück
weich' nie von uns zurück.

❋

Nicht an Gütern häng Dein Herz,
die das Leben vergänglich zieren,
wer besitzt, der lerne verlieren,
wer im Glück ist, der lerne den
Schmerz.

Das größte Glück im Leben
und der reichlichste Gewinn,
ist ein guter, leichter Sinn.

❋

Das Glück soll Dir an jedem
Morgen
der Freundschaft schönste Rosen
streu'n.
Und niemals müssen finst're
Sorgen
Beherrscher Deines Herzens sein.

❋

Reines Glück
ist nur beschieden
uns im häuslich stillen Frieden,
glücklich ist nur unentwegt,
wer das Glück im Innern trägt!

❋

Wie die Traube am Spalier,
ach, so hängt mein Herz an Dir!

Jeder Tag auf Erden hier
winde Freudenkränze Dir
und durchs ganze Leben sei
Dir stets Glück und Freude treu.

❋

Laß draußen die Sorgen,
bring Glück nur herein,
hier bist du geborgen,
hier bist du daheim.

❋

Hier soll das Glück erblüh'n,
Leid und Sorge weiterzieh'n.

❋

Vogerl flieg in die Welt hinaus
bring uns recht viel Glück ins
Haus.

❋

Ein fröhlich Herz, ein friedlich
Haus
macht das Glück des Lebens aus.

Das Glück, es wohnt in diesem
Haus
bis in die fernsten Tage.
Führ uns, oh Gott, ins Vaterhaus
nach dieser Lebensplage.

❋

Wenn Du nur heute
glücklich bist,
denk nicht daran
wie's morgen ist.

❋

Hier soll das Glück erblühen,
Leid und Sorgen weiter zieh'n.

❋

Denk nicht daran was Morgen ist,
wenn Du nur heute glücklich bist.

❋

Ein ruhiges Herz –,
nicht Gold, nicht Pracht
ist's, was den Menschen
glücklich macht.

Sei glücklich

Glücklich ist,
der vergißt,
was nicht mehr zu ändern ist.

❋

Für Weib und Kind leg was zurück,
sorg' auch im Tode für ihr Glück.

❋

Sei immer glücklich, nie besorgt,
das Leben ist ja nur geborgt.

❋

Glücklich, wenn die Tage fließen,
wechselnd zwischen Freud' und
Leid,
zwischen Schaffen und Genießen,
zwischen Welt und Einsamkeit.

❋

Im Glück nicht jubeln, im Leid
nicht klagen,
das Unvermeidliche mit Würde
tragen.

Im Glück erfährst Du nicht,
wer's ehrlich mit Dir meint,
nur wer im Unglück zu Dir hält,
der ist Dein wahrer Freund.

❋

Glück ist niemals ortsgebunden,
Glück kennt keine Jahreszeit,
Glück hat immer der gefunden,
der sich seines Lebens freut.

❋

Vieles hören, wenig sagen,
seine Not nicht jedem klagen,
sich ins Glück und Unglück
schicken,
das sind die großen
Meisterstücken.

❋

Glück zu suchen, zieh' ich aus,
Glück zu finden, komm ich nach
Haus.

❋

Willst glücklich sein zu jeder Zeit,
halt aus in Freud', halt aus in Leid.

Mein grööstes Glück
Meine grööste Freud
Ist meine stille Häuslichkeit

Was Großmutter an Weisheiten über das traute Heim stickte

Wenn Du im Herzen Frieden hast,
wird Dir die Hütte zum Palast.

❋

Ein Heim im Frieden,
hat Gott mir beschieden.

❋

Ich bin der Herr im Haus.

❋

In dem Ort, den jeder kennt,
und niemand gerne nennt,
ist aus Zierlichkeitsgebühr,
diese Tasche für's Papier.

❋

Wer Böses von mir spricht,
betrete meine Wohnung nicht,
denn jeder hat im Leben,
auf sich selber acht zu geben.

Wo Schwalben Nester bauen,
dort ist Glück im Haus,
Wo d' Lieb' wohnt und's Vertrauen,
geht nie der Segen aus.

❋

Ein fröhlich Herz,
ein friedlich Haus,
macht das Glück des Lebens aus.

❋

Hab' auf der Welt die schönsten
Stunden,
doch nur in meinem Heim
gefunden.

❋

Im eignen Heim
bei Kind und Weib,
ist Müh' und Sorge
Zeitvertreib.

Trautes Heim
Glück allein.

Ein eignes Heim
mit seinem Frieden
das ist ein Stück vom
Paradies.

Mein größtes Glück,
meine größte Freud'
ist eine stille Häuslichkeit.

Das Schönste auf dem
Erdenrund,
ist trautes Heim
auf festem Grund.

Der Mensch braucht ein Plätzchen,
und wär's noch so klein,
von dem er kann sagen:
Sieh, hier, das ist mein.

Das eigene Nest
ist doch das Best.

Hier leb' ich,
hier ruh ich mich aus,
das ist meine Heimat,
da bin ich zuhaus.

Ein Schwalbenpaar fliegt
hinaus, Glück zu bringen Dir
in's Haus.

Wo Schwalberl'n Nesterl baun,
dort ist Glück im Haus.
Wo d' Lieb wohnt und's Vertraun,
geht nie der Segen aus.

Such das Glück nicht allzuweit,
es liegt ja in der Häuslichkeit.

Geh' nicht zum Trunk und Spiele
aus,
hast Zeitvertreib genug zu Haus.

Thuringia

Ein fröhliches Heim,
ein frohes Gemüt,
zwei gleichschlagende Herzen
und der Wohlstand erblüht.

❋

Mag draußen die Welt ihr Wesen
treiben,
mein Heim soll meine Ruhestatt
bleiben.

❋

Was ich als Mädchen mir erträumt,
liegt hier in diesem Schrank
vereint;
zu halten dies stets glatt und fein,
drum soll's auch meine Sorge sein.

❋

Mein Heim, mein Glück.

❋

Das Schönste im Leben,
was Gott kann geben
ein zufriedenes Heim
und darin glücklich sein.

Nicht für Geld möcht ich es geben
dies mein liebes, eignes Heim,
her kann lieben ich und leben
und hier kann ich glücklich sein.

❋

Mein Heim ist meine Welt,
daran ich mich erfreue,
als Wächter hab' ich mir bestellt,
die Liebe und die Treue.

❋

Der die Berge hat begipfelt,
der die Buben hat bezipfelt,
der die Mädchen hat gespalten,
der soll unser Haus erhalten.

❋

Das Schönste auf der Erden rund
ist trautes Heim auf festem Grund.

❋

Wenn dieses Haus so lange steht,
bis aller Neid und Haß vergeht,
so wird dies Haus so lange steh'n,
bis daß die Welt wird untergeh'n.

Ist mir draussen Kampf
beschieden,
hier im Hause find' ich Frieden.

❋

Das schönste Glück, die größte
Freud'
ist eine liebe Häuslichkeit.

❋

Arbeit und Ordnung erhalten das
Haus,
Liebe und Freundschaft
schmücken es aus.

❋

Dies Heim, wenn's auch klein ist,
weil's traut ist, weil's mein ist,
hat stets mir von allen
am besten gefallen;
hier will ich drin walten
und sorgen und schalten
und lieben und weben
mit Freude durchs Leben.

In jedes Haus, wo Liebe wohnt,
da scheint hinein auch Sonn' und
Mond,
und ist es auch so ärmlich klein,
es kommt der Frühling doch
hinein.

❋

Mein Heim, mein kleines, liebes,
voll Sonne und voll Ruh',
wie eil' ich Deinem Frieden
Am Feierabend zu!

❋

Wie schön, wenn der Mensch nach
emsigem Tun im eigenen Heim
behaglich kann ruhn,
und ist's auch bescheiden doch
traulich und fein,
gib dich zufrieden, du weißt,
es ist dein.

❋

Dein Haus sei Deine Welt,
darin es Dir gefällt.

Des Hauses Zier ist Reinlichkeit
des Hauses Ehr'
Gastfreundlichkeit
des Hauses Sorgen Frömmigkeit
des Hauses Glück Zufriedenheit.

❋

Wo Lieb und Treu die Wache hält,
da ist's im Hause wohlbestellt.

❋

Wenn Du im Herzen Frieden hast,
wird Dir die Hütte zum Palast.
Der hat das Leben recht erfaßt,
der drin mit beiden Füßen steht,
die Stunden nutzt und Liebe sät
und tapfer trägt des Tages Last.

❋

Rein das Haus, rein der Sinn,
Ordnung draußen, Ordnung drinn'.
Ein solcher Geist, eine ordnende
Hand, sie bringen den Segen in
Haus und Land.

Zufriedenheit im Heim
ist der Ehe Sonnenschein.

❋

Man sehnt sich fort aus des Hauses
Bann,
zu neuen Freuden, zu neuem
Glück
und sehnt sich nur um so heißer
dann
nach seinem trauten Daheim
zurück.

❋

Dieses Haus ist mein und doch
nicht mein.
Es wird auch nicht des Zweiten
sein.
Der Dritte bleibet auch nicht hier.
Dem Vierten geht es grad wie mir.
Der Fünfte und der Sechste
wandern drauß'.
Jetzt sagt mir, wem gehört das
Haus?

Grüss Gott!

Was Großmutter an Weisheiten über die Gastfreundschaft und das Schenken stickte

Alle Gäste sind willkommen,
Haferlgucker ausgenommen.

Sei gegrüßt, der dies ließt.

Mein Haus ist meine Welt,
Grüß Gott, wem's drinn gefällt.

Ein froher Gast ist niemals Last.

Wer als Gast besucht mein Heim,
der soll mir lieb willkommen sein.

Kummts's eini.

Willkommen in der
guten Stube.

Grüss euch Gott
alle miteinander.

Kommt Dir zu Haus ein fremder
Gast,
gib's ihm so gut, als Du es hast.

Ein Weib, ein Regen, ein Gast,
sind mir nie zur Last.

Ach verweile doch
ein paar Stunden noch.

Bleib noch ein wenig hier
und leist' Gesellschaft mir.

Mein kleines Heim ist meine Welt,
drum Gott zum Gruß, wenn's Dir
gefällt.

Zum Zeichen,
daß ich Dein gedenk,
nimm diese Kleinigkeit zum
Geschenk.

Wenig,
aber von Herzen.

Zum Andenken.

Denk an mich.

Ewig Dein.

36 Blatt

Immer
fleissig!

Was Großmutter an Weisheiten zur Arbeit, zum Nähen und zum Fleiß stickte

Arbeitest Du bei Sang und Klang,
wird die Zeit dir halb so lang.

❋

Mit Fleiß und Kraft,
man vieles schafft.

❋

Immer fleißig.

❋

Sich regen – bringt Segen.

❋

Arbeit schafft Zufriedenheit.

❋

Zwei Lebensstützen brechen nie,
Gebet und Arbeit heißen sie.

❋

Ohne Fleiß kein Preis.

Arbeit ist des Bürgers Zierde,
Segen ist der Mühe Preis.

❋

Wer arbeitet macht Fehler,
wer viel arbeitet macht mehr
Fehler –
wer keine Fehler macht,
arbeitet auch nicht.

❋

Der Menschen Geist erschafft,
Hanf, Flachs von grünen Hain.
Durch Hände Fleiß und Kraft,
dein blühend weißes Lein.

❋

Wer munter seine Arbeit tut,
dem schmeckt auch seine Suppe
gut.

Dreht sich das Rad,
füllt sich Kasten und Lad'.

Tages Arbeit, abend Gäste,
saure Wochen, frohe Feste.

Geh froh ans Werk an allen Tagen,
mit Lust und Liebe ohne Klagen.

Teile die Zeit Dir richtig ein,
dann wirst Du immer fertig sein.

Wer sich immer Sorgen macht,
dem wird das Brot nicht munden;
wer fleißig ist und fröhlich lacht,
würzt sich des Lebens Stunden.

Arbeit ist der Frauen Zier.

Das schönste Wappen auf der Welt,
das ist der Pflug im Ackerfeld.

Gut hat es die Schwalbenmutter,
sie fängt im Fluge sich das Futter,
leicht versorgt sie ihre Brut,
mir geht es leider nicht so gut.

Arbeit bringt Segen.

Gebet, Arbeit und Seelenruh'
schließt dem Arzt die Türe zu.

Zur rechten Zeit nur fleißig sein,
die Arbeit fällt nicht schwer,
wer in der Jugend nicht gespart,
im Alter geht's nicht mehr.

Tue Deine Pflicht und verzage
nicht.

Stunden eilen, ohne Weilen
den vergangenen Tagen nach.
Laß sie müßig nicht enteilen
Arbeit hält die Kräfte wach.

Wo fleißige Hände sich regen,
ist stets Gottes Segen.

❋

Das emsige Rad füllt Schrank
und Lad'.

❋

Es blinkt der Liebe gold'nes Band,
des Glückes reichster Segen
waltet,
da, wo der Hausfrau ems'ge Hand
mit regem Schaffenseifer schaltet.

❋

Was Spinnrad, Webstuhl und Nadel
gemacht,
wird hier fein säuberlich unter-
gebracht.
Willst Du das ganze richtig
verwalten,
gilt's Neues schaffen, Altes
erhalten.

❋

Halt mich rein,
so näh ich fein.

Erblüht im Sommerwinde,
gebleicht auf grüner Au,
ruhst still Du hier im Spinde
zum Stolze aller Frauen.

❋

Im Herzen ernstes Sinnen,
im Schranke weißes Linnen,
in jeder Weis' gespart,
das ist der Hausfrau Art.

❋

Deftig, zart und blütenweiß,
wohl verwahrt hier innen,
ruht das schöne Linnen,
lohnend treuer Hände Fleiß,
aller Hausfrau Zier und Preis.

❋

Nadel, Schere und Fingerhut,
sind das beste Heiratsgut.

❋

Bleib schön zuhause,
stopf Strümpfe aus.

Reinlichkeit ziert allezeit.

Was Großmutter an Weisheiten über die Ordnung stickte

Ordnung halt in allen Dingen,
alles hab am rechten Ort,
dann wird alles wohl gelingen
und die Wirtschaft schreitet fort.

Rein und blank
sei die Wasserbank.

Nett und rein
soll auch das Stockerl sein.

Erkenne an der Wasserbank,
ob das ganze Haus ist blank.

Wasch Dich rein.

Eine Hand wäscht die andere,
zwei Hände das Gesicht.

Reinlichkeit ein Ehrenkleid.

Außen blank und innen rein
soll in der Küche alles sein.

Ordnung halten in allen Dingen,
wird Dir Glück und Freude
bringen.

Schüssel, Teller, Gläser, Krüge,
schön in Reih und Glied ich füge.

Arbeit und Ordnung
erhalten das Haus.

Reinlichkeit das
halbe Leben.

An dem Ort, den jeder kennt
und niemand gerne nennt,
ist aus Zierlichkeitsgebühr,
diese Tasche für's Papier.

❋

Die Wasserbank soll klar und rein,
zum Stolze jeder Hausfrau sein.

❋

Am Wasserbankerl nett und rein,
soll nie es ausgeschüttet sein.

❋

Der braven Hausfrau ordnender
Sinn,
macht immer Freude und bringt
Gewinn.

❋

Blank und rein
soll meine Küche sein.

❋

Kohlen sind von großem Nutzen,
mußt aber auch den Ofen putzen.

Weiss zu waschen einen Mohren,
ach, das lasse lieber sein,
aber bist du weiss geboren
halte sauber dich und rein!

❋

Wer Ordnung hält,
ist nur zu faul zum Suchen.

❋

Ein jedes Ding an seinem Ort,
erspart viel Zeit, manch böses
Wort.

❋

In Zucht und Ordnung herzlich
willkommen.
Andernfalls – brauchst nimmer
kommen.

❋

Das Bad gibt uns zu jeder Zeit
Gesundheit, Frische, Fröhlichkeit.

❋

Ordnung gewahrt,
Mühe erspart.

Roll' die Wäsche glatt und blank,
daß sie ziere Haus und Schrank.

So köstlich wie Geschmeide
so sorgsam aufbewahrt
ist Linnen weiss und zart,
die schönste Augenweide
der Frau von deutscher Art.

Und ist gefüllt mit Linnen der
  Schrein,
so wird es der Hausfrau
  Schatzkästlein sein.

Die Truhe schön beschlagen,
gefüllt mit Linnen schwer,
war schon in alten Tagen
der Hausfrau Stolz und Ehr'.

So du ein liebes Heim gegründet,
der Wäscheschatz sei gut bedacht,
den Stolz der Hausfrau zu
  verkünden
wenn blendend weiß die Wäsche
  lacht.

Flink
und rein,
sollst du sein.

Was Großmutter an Weisheiten über Küche, Herd und Kaffee stickte

Für die Küche ist die Frau erkoren,
der Mann hat in der Küche nichts
verloren.

❋

Immer hab ich den Kopf so voll,
was ich eigentlich kochen soll.

❋

Kochen und Braten ist nicht so
leicht,
viel leichter das Verzehren.
Darum, wer diese Kunst erreicht,
dem macht sie alle Ehren.

❋

Wenn alle Künste untergeh'n,
die edle Kochkunst bleibt besteh'n.

❋

Guck nicht in's Häferl lieber Mann,
die Küche geht dich gar nichts an.

Wenn die Küche tadellos,
ist der Hausfrau Freude groß.

❋

Eine Küche ohne Frau
ist eine Blume ohne Tau.

❋

Ein liebes Weib
kocht mit Fleiß
des Ehegatten Lieblingsspeis.

❋

Sparen muß man ganz gewiss,
weil alles jetzt so teuer ist.

❋

Salz und Brot
macht Wangen rot.

❋

Bei Tafelrund
verfliegt die Stund.

Ist die Mahlzeit noch so klein,
schmackhaft kann sie immer sein.

❋

Nach dem Essen sollst Du steh'n
oder tausend Schritte gehn.

❋

Ich tu' nur meine Pflicht,
Köchin brumme nicht.

❋

Rauchfangkehrer du lieber Mann,
putz doch den Rauchfang,
daß ich kochen kann.

❋

Sobald am Feuer steht der Topf,
lass' alles andere aus dem Kopf.

❋

Eigner Herd
ist goldes Wert.

❋

Ein gut' Gericht ist Frauenpflicht.

Schwarzer Mann ist seelengut,
wenn man ihn nicht necken tut.
Dem bösen Buben,
der geneckt,
hat Schornsteinfeger eins
gesteckt.

❋

Eigner Herd ist goldes Wert,
ist er auch arm,
hält er doch warm.

❋

Köchin, spare mit dem Feuer,
denn die Kohlen sind sehr teuer.

❋

Weißt Du, wie's am besten
schmeckt,
frisch gekocht und rein gedeckt.

❋

Der Teller rein,
das Essen fein,
anders darf's bei mir nicht sein.

Willst Du des Mannes Gunst
erwerben,
so laß das Essen nie verderben.

❋

Hurtig, hurtig, nicht vergessen,
hab' zum Tratschen keine Zeit,
denn mein Männchen kommt
zum Essen
und da sei das Mahl bereit.

❋

Liebe ist der beste Koch.

❋

Jede Gattin,
klug und weise,
kocht des Mannes Lieblingsspeise.

❋

Was du heute kochen sollst,
mußt du selbst entdecken,
einzige Bedingung ist,
gut muß es mir schmecken.

I' bin sehr genügsam,
und hob a' glei' gnua,
i' brauch' nur 10 Kipferl
und an Liter Kaffee dazua.

❋

Alles, was in meiner Küche ist
bewahrt,
halt ich sauber nach eig'ner Art.

❋

Ehre die Frau,
die kocht und näht,
und fröhlich schafft von früh
bis spät.

❋

Der Hausfrau bestes Renommee,
ist ihr Sterz und ihr Kaffee.

❋

Du Kaffeehäferl mein,
ich könnt wegen Dir
ein Kaffeehäferl sein.

Ob's draussen stürmt und tobt,
uns sei beschieden
am eignen, trauten Herd
Glück, Ruh' und Frieden!

❋

Die kluge Hausfrau kocht mit
 Fleiß,
des Ehemannes Lieblingsspeis'.

❋

Die Küche rein, das Essen fein,
anders darf's bei mir nicht sein.

❋

Lustiges Feuer, froher Mut,
dann gerät das Kochen gut.

❋

Zum Kochen braucht man Geld
 und Ruh',
aber keinen Mann dazu.

❋

Willst Du die Tugend einer Frau
 erraten,
schau in ihr Stübchen, prüf ihren
 Braten.

Was bess'res gibts auf Erden nicht,
als Frieden und ein gut' Gericht.

❋

Zur Essenszeit,
scheu Sorgen und Leid.

❋

Lieber Mann,
darfst nicht vergessen,
pünktlich sein beim Mittagessen.

❋

Wir backen und braten mit Fleiß
 und Geschick,
wenn's köstlich euch mundet,
das ist unser Glück.

❋

Das Wasser macht weise
und fröhlich der Wein,
drum trinke sie beide,
um beides zu sein.

❋

Von Lieb' allein wird niemand satt,
wohl dem, der was zu beißen hat.

Gut gekaut ist halb verdaut.

Maß im Trinken und Essen
sollst Du nie vergessen.

Wasserkrug macht alt und klug.

Ein guter Trunk
macht Alte jung.

Wer die Krume nicht ehrt,
ist des Weckens nicht wert.

Iß, was gar ist,
Trink, was klar ist,
Sprich, was wahr ist.

Afterred', Murren und Zorn
Über Tisch sich nicht gehorn.

Wer die Krume nicht ehrt,
Ist des Weckens nicht werth.

Tages Arbeit, Abends Gäste,
Saure Wochen, frohe Feste.

Zur Essenszeit
Scheuch Sorg und Leid.

Maß im Trinken und Essen
Sollst du nie vergessen.

Gut gekaut ist halb verdaut.

Glück und Unglück
Ist alle Morgen mein Frühstück.

Wasserkrug macht alt und klug.

Mit Vielem läßt sich schmausen,
Mit Wenig läßt sich hausen.

❋

Trink und iß,
Gott's und der Armen nicht vergiß.

❋

Ein Herz soll darin haben Freud',
Sein Brod zu essen mit
Dankbarkeit.

❋

Im Wasser kannst Du Dein Antlitz
sehn,
Im Wein des Andern Herz
erspäh'n.

❋

Ein fröhlich Gemüth und edler
Wein,
Die mögen hier oftmals
beisammen sein.

Kaffee, du guter Trank,
hätt' ich dich nicht,
so wär ich krank.

❋

Mei Muatta hat a Freud,
wenn d' Kaffeemühl'
schreit!

❋

Wan's Cafe regna tuat
und Kipferl schneit,
bitt i mei Herrgott,
daß' Wetter so bleibt.

❋

Wenn d' Kaffeemühl' schreit,
hab'n d' Weiberl'n a' Freud.

❋

A Schallerl Kaffee,
hebt's Herzerl in d' Höh.

❋

Wenn der Kaffee nicht wär,
so leb' ich schon lang nicht mehr.

Meines Lebens schönste Stunden,
hab ich beim Kaffee gefunden.

Kaffee du bist so fein,
wie der beste Wein.

Ein guter Kaffee
ein gutes Wort
sind stets willkommen
an jedem Ort.

Träume süß,
erwache fröhlich,
trinke deinen Kaffee selig.

A Heferl Kaffee,
hebt's Herzerl in d' Höh.

Beim Kochen halte Maß und Ziel:
nimm nichts zu wenig, nichts zu
viel!

Macht nicht zuviel Scherben,
sonst bleibt für unsere Erben
der leere Küchenschrank.

Besser, nur irdene Töpfe zu zeigen
als Silbergeschirre, die nicht dein
eigen.

Blitzeblank und spiegelrein
soll stets deine Küche sein.

Die Kunst, die jeder würdigt und
ehrt,
ist jene, die man in Küchen lehrt.

Trink und Iss Gott nicht vergis.
E B
1917

Was Großmutter an Weisheiten zu Gott, Glaube und Gebet stickte

Ob steinern Haus und hölzern
Dach,
Herrgott im Himmel gnädig wach.
Wir bauen irden Hütt' und Zelt
Du schaffst und hältst die ganze
Welt,
drum halt in Deiner Hand und Hut
auch uns zeitlich Hab und Gut.

Alles Tun auf Gott gebaut,
keinem Menschen recht getraut,
nicht zu groß und nicht zu klein,
höflichst, doch nicht zu gemein,
viel Geduld, bei wenig Geld,
so kommt man fort in dieser Welt.

Drückt Dich Dein Lebenslauf
blicke zum Himmel auf.
Menschen laß Menschen sein
helfen kann Gott allein.

An Gottes Segen ist alles gelegen.

Gehst Du eini in Stoll,
so denk Dir ollemol,
im Stoll ganz aloan,
ist der Herrgott gebor'n.

Von dieser Stunde eine,
wird Deine letzte sein,
nach dieser folget keine,
drum lebe fromm und rein.

Seid fröhlich in Hoffnung
geduldig in Trübsal
haltet an am Gebet.

Schweig, leid und vertrag
Dein' Not allein Gott klag.

Wechselnde Pfade,
Schatten und Licht
sind Gottes Gnade
fürchte Dich nicht.

❋

Die Augen offen,
das Herze rein,
auf Gott Dein Hoffen
und mutig in die Welt hinein.

❋

Wer nicht auf Gott, den Herrn,
vertraut,
der hat sein Haus auf Sand gebaut.

❋

Unser Vater ist im Krieg,
lieber Gott hilf ihm zum Sieg,
breite Deine Flügel aus,
bring ihn bald gesund nach Haus.

❋

Gottes Will'
ist mein Ziel.

Mein Heim in Frieden mög' Gott
behüten.

❋

Gottes Gunst, gute Kunst
wahrer Mund, Leib gesund
frommes Herz,
sind das beste allerwärts.

❋

Alles mit Gott,
so hat's keine Not.

❋

Salz und Brot gebe Gott,
dann hat's keine Not.

❋

Gott bewahre dieses Haus
und all', die gehen ein und aus.

❋

Sei immer fein, halt Dich stets
rein,
Sei gern mit Gott und Dir allein.

Gott, der fünfundzwanzig Jahre
Euch geführt an Vaterhand,
segne wieder heut aufs neue
Eure Liebe zartes Band!

Wer auf Gott vertraut,
hat fest gebaut;
wer Menschen traut,
hat fehl gebaut.

Wenn, was Dir Gott zur Freude beschert
Deine Torheit in Leid verkehrt,
wird er Sich künftig der Müh' entheben
und das Leid Dir schon fertig geben.

Daß Gott Dich nimmermehr verläßt,
das sei Dein Glaube felsenfest.

Vertreibe, verjage die quälenden Sorgen
sei fröhlich am Abend und heiter am Morgen.
Vergnüge Dich öfters, doch trenne Dich nicht
vom Schöpfer von Tugend und redlicher Pflicht.

Mein Herz ist klein,
darf niemand hinein
als Du mein liebes Jesulein.

Wir danken Dir Herr Jesu Christ,
daß Du unser Gast gewesen bist.
Bleib Du bei uns, so hat's nicht Not,
Du bist das beste Lebensbrot.

Wo Glaube da Liebe,
wo Liebe da Friede,
wo Friede da Segen,
wo Segen da Gott,
wo Gott keine Not.

Nicht Kunst,
noch Fleiß,
noch Arbeit nützt –
wenn Gott der Herr
das Haus nicht schützt.

Nun lieg ich hier und muß
verwesen,
was Ihr nun seit,
bin ich gewesen,
was ich jetzt bin,
das werdet Ihr,
nun stehet still und betet mir.

Wenn Herz und Auge bricht,
dann o Herr verlaß mich nicht.

An Gottes Segen
ist alles gelegen.

Wenn ich von hier soll scheiden,
o hilf, daß ich in dieser Not,
errettet sei durch Deinen Tod
und selig sterbe.

Für Speiß und Trank
dem Geber Dank.

Unser täglich Brot gib uns heute.

Herr gib uns heute unser
täglich Brot.

Trink und Iß
Gott nie vergiß.

Gute
Nacht

Was Großmutter an Weisheiten für die Abend- und Nachtstunden stickte

Nach des Tages Last,
halt in Frieden Rast!

❋

Träume süß.

❋

Die Äuglein zu, mein Kindlein du,
nun schlaf in Ruh!

❋

Nach des Tages emsigem Tun
Sollst du am Abend friedlich ruhn.

❋

Kurzes Abendbrot macht lange
Lebenszeit.

❋

Was Du kannst am Abend tun,
laß nicht bis zum Morgen ruh'n.

Der Dich behütet schläft nicht.

❋

Am Abend und am Morgen
befiehl Gott deine Sorgen,
erbitte Kraft und Stärke
für deine ird'schen Werke!

❋

Jedem Werden entsprießt ein
Vergehn,
jedem Entschlummern ein
Auferstehn.

❋

Nach des Tages Lachen und
Weinen
sollen Dir im Traume Rosen
erscheinen.

Für die Überlassung der Spruchtücher zur photographischen Abbildung danken wir

Hannelore und Alfred Buschle, Ummendorf
Gabriele Loose und Andreas Gottschalk, Fischbach
Irmgard Laux, Gutenzell
Dr. Otto Kettemann, Monika Mai, Schwäbisches Bauernhofmuseum Illerbeuren
Barbara Mettenleiter-Strobel, Kreisheimatstube Stoffenried
Hilde Unterweger-Reiser, Wain
Ursula Winkler, Bauernhausmuseum Wolfegg

Die Deutsche Bibliothek – CIP-Einheitsaufnahme

Aus Grossmutters Schatztruhe : gestickte Spruchweisheiten
mit immerwährender Gültigkeit /
Wolf-Dietmar und Ursula Unterweger.
– Würzburg : Stürtz, 1994
(Stürtz-Bibliothek ; 4)
ISBN 3-8003-0553-4
NE: Unterweger, Wolf-Dietmar; Unterweger, Ursula; GT

STÜRTZ-BIBLIOTHEK

Printed in Germany
ISBN 3-8003-0553-4

Im Herzen